Associé libre
de la révolution.

TRADUCTION *LIBRE.*

En langue nationale, avec amendemens et sous-amendemens, d'une ADRESSE Strasburgico - françoise, qui, présentée au public par les *protecteurs* (1) *légitimes* de la révolution, pourroit peut-être elle-même causer, sans qu'on y pensât, une sorte de révolution funeste à la littérature de la patrie, si l'on n'essayoit, pour le bien de la *société*, de rappeller un peu à l'ordre grammatical d'usage, les honorables membres du comité de rédaction des *associés*, tous censeurs actifs et vigilans, légalement *constitués*, dit-on, en vertu de la constitution des municipalités, art. 62. (2)

ADRESSE

Des associés de la révolution, établis en la ville de Strasbourg.

A leurs concitoyens, ainsi qu'aux habitans des villes, bourgs et villages d'Alsace.

L'article XLII. du décret, rendu, par l'Assemblée Nationale, le 14 Décembre dernier, rélativement à la constitution des municipalités, est conçu en ces termes : *Les citoyens actifs etc.* . . . . .
. . . .

A la faveur de cet article, et dans la vue de s'y conformer, il s'est fait, à Strasbourg, une association de citoyens, sous le nom de SOCIÉTÉ DE LA RÉVOLUTION ; mais à peine a-t-elle été formée,

)(

qu'aussitôt, et avant même que ses principes et son but ne fussent connus, elle s'est vu calomniée.

L'on affecte tous les jours encore de représenter cette Société, comme si elle étoit le siège d'une inquisition, le foyer des délatations, le volcan de la sédition. Images mensongères dans le fait, mais non dans leur effet. Le paisible habitant en est allarmé : il court, plein de sa frayeur, s'informant de toutes parts quelle est donc l'idée qu'il doit se faire de cette *société de la révolution*.

Or, pour dissiper vos *inquiétudes* à cet égard, nous croyons devoir vous annoncer, sans délai, que la Société dont il s'agit n'est en elle-même qu'une réunion de citoyens patriotes, fidèles au serment qu'ils ont prêté à la nation, à la loi et au roi.

Pénêtrés d'une respectueuse soumission pour les décrets de l'Assemblée nationale, ils se sont associé des militaires françois qui, également pleins des mêmes sentimens, se font un devoir d'être aussi zélés pour soutenir, dans le sein de la patrie, des droits sacrés, contre les attentats des ennemis intestins ; qu'ils sont ardens pour défendre, au-dehors, des intérêts communs, contre les entreprises des ennemis étrangers.

Non, nous vous l'assurons, cette Société, jalouse de donner l'exemple de l'union & de la paix, si nécessaires à la profpérité publique, n'a pour véritable objet que de conserver la liberté ; rendue indistinctement à tous, par la nouvelle constitution.

A cet effet elle ne cessera de porter un oeil vigilant sur tout ce qui pourra attaquer cette liberté reconquise.

Elle veillera (3) à l'exécution des décrets de l'Assemblée nationale sanctionnés ou approuvés par le Roi.

Elle ne se chargera point de faire des délatations personnelles, mais de solliciter, en général seulement, l'exécution de ces mêmes décrets, auprès du corps municipal, des assemblées de district et de département (4), même de l'Assemblée nationale, si le cas l'exige.

Sachez donc que sa vigilance à dénoncer tout ce qui tendroit à soulever les peuples, ou à les écarter de la soumission et du respect dus aux décrets sanctionnés, n'est autre chose qu'une ressource auxiliaire qu'elle prépare à tous les corps administratifs de la province, et qu'elle offre plus particulièrement au corps municipal, qui va être établi dans Strasbourg; lequel, uniquement composé de membres, choisis au gré de la commune, sera sans doute guidé par le même esprit, que l'est celui dont la Société de la révolution se flatte d'être animé.

Quant au corps de la Milice nationale, lui-même réuni déjà, à cette Société, par plusieurs de ses membres, officiers et soldats, il rendra à celle-ci la justice de croire qu'elle ambitionnera toujours de pouvoir, dans l'occasion, partager avec lui et ses risques et sa gloire.

Enfin la Société de la révolution se propose non seulement d'empêcher, autant qu'il dépendra d'elle, la circulation de ces libelles incendiaires, que répandent sourdement les ennemis de la révolution, dans le dessein d'égarer ou de soulever les peuples, pour les restituer à l'oppression; mais aussi de publier et de distribuer gratuitement des écrits propres à servir de contrepoison aux pamphlets envénimés qui soufflent la discorde et la sédition.

Elle invite, au surplus, tous les citoyens des différentes villes de la province, (en adoptant, de leur côté, le même esprit, les mêmes vues et les mêmes principes) à former pareillement, dans leur enceinte, des sociétés semblables à la sienne, pour établir ainsi, avec toutes, une correspondance respective, qui déjà existe entre elle et celle de Paris.

En tout cas, si les habitans, soit des villes, soit de la campagne, vouloient balancer pour se rendre à notre invitation; au moins, répondant à nos voeux, se prêteront-ils à nous faire passer des avis fidèles, sur les objets qui pourront mériter l'attention et les soins de notre vigilance.

Si de l'union dépend la force des états, c'est de

l'union aussi que dépendra désormais le maintien de la liberté françoise.

Nous terminerons cette *Adresse* par la nomenclature des membres qui composent notre association, persuadés que cette confiance pourra rassurer les esprits sur la pureté de nos motifs et sur la sagesse de nos vues. (5)

Strasbourg ce 26 Janvier 1790.

Le Chev. D'ALPHONSE; BARBIER *de Tinan*, Président; DE BAUDREVILLE; BRUNCK; BRUNCK *de Frundeck;* CAPPY etc.

NOTES DU TRADUCTEUR.

1) Ces *protecteurs* sont établis, (sans doute de préditection pour l'enseigne) au cabaret de la *lanterne*, à côté du caffé également dit *à la lanterne*, directement en face de la *lanterne*, du carrefour. M. M. de la révolution peuvent très-bien s'être réunis là, au beau milieu de toutes ces *lanternes*, par l'effet d'un pur hazard; mais ce qui vraisemblablement n'en est pas un, c'est que la résidence du premier président de la Societé, est un hôtel diaphane, (connu sous le nom de *lanterne*) fitué très-loin des *lanternes* ci-dessus, et ayant pareillement en face la *lanterne* principale, qui *préside* à toutes les *lanternes* de la rue *des veaux*. A telle enseigne, il est permis d'avoir peur. *Honni foit qui mal y penfe.*

2) Abstraction faite cependant de la *vertu* excluante des boules noires; *vertu* qui jusqu'à présent, quoiqu'admise exclusivement dans les loges, n'a point encore été préconisée comme *vertu* CIVILE par l'Assemblée législatrice du royaume, trop amie du scrutin et de la pluralité absolue, pour vouloir jamais applau-

ðir à des procédés contraires, sources de divisions, de haines et de vengeances.

3) Si M. le procureur Syndic futur, ou son Substitut, venoit à avoir besoin de suppléans ou de coopérateurs.

4) S'entend, si le ministère public, commis pour cette partie, ne le trouve pas mauvais.

5) Pardon ! si j'ai hazardé de traduire *vertueux desseins* par *sagesse de vues*. Je ne l'ai fait qu'après avoir oonsulté là-dessus Maître J. M. Mathieu, avocat-général de la Commune, et Maître C. G. Colignon, avocat spécial des *poids et me-sures*, tous deux orateurs célébres, et littérateurs intrépides, dont la réputation est faite et refaite. Ils convinrent l'un et l'autre que SAGFSSE étoit véritablement le mot technique, qui manquât dans les LETTRES PATENTES de votre *Société*, pour spécifier nommément, avec dignité et avec pompe, la sorte de *vertu* qu'indiquoient vos *vertueux desseins* tout ré-cemment annoncés.

ENVOI

à MM. de la révolution, à la lanterne.

N'allez pas, Messieurs, vous confier légèrement à la *manoeuvre* de vos boules noires, pour savoir si vous prendrez en bonne ou en mauvaise part cette traduction *libre*, que j'ai l'honneur de vous présénter, comme un hommage dû à votre patrio-tisme également *vigilant* et *éclairé*.

Si, à la pluralité des voix, ma *version en lan-gue nationale* est agréée, vous décrêterez sans doute qu'elle sera jointe à *l'original* teutonico-françois publié sous votre nom.

Si au contraire elle est improuvée et rejettée par la majorité des suffrages ; prenez que je n'aie rien dit. Cela restera entre nous. Mais j'espère que, dans ce dernier cas, vous n'en rendrez pas moins justice à mes *vertueux desseins*.

Eléve du *Cousin Jacques*, j'ai cru qu'ayant, sous ses auspices, régenté, pendant six mortels mois, les associés de la révolution angloise établis, depuis plus d'un siecle, dans la lune, je pouvois avec quelqu'assurance oser, dans la planête que nous habitons, professer aussi, comme lui, la rhétorique *gallicane*, en faveur des associés de la révolution françoise, pour le bien général de la nation, qu'ils *surveillent*.

Ai-je mal cru ? C'est une erreur que vous pourrez facilement rectifier, si, au gré de mes désirs, vous daignez me rendre participant un droit de *censure universelle*, qui vous est *légalement* acquis par votre *constitution*, avec laquelle j'ai l'honneur d'être

Messieurs,

Votre etc.

Strasb. 3 Fév. 1790.　　　*R. de R. Aspirant etc.*

P. S. Il paroît dans la ville une diatribe, en françois du pays, *publiée, hélas ! par un de vos associés, qui ne m'est connu, que depuis qu'il affiche ses extravagances, signées* MATHIEU. *Cette pièce curieuse est, par son originalité saugrenue, absolument* intraductible. *Elle fera le sujet d'une dénonciation d'autant plus sérieuse, que son objet est vraiment digne de toute votre vigilance. Ah ! p... h... !*